IRIS HALBEISEN & ANNA SAILER

Nachtschwärmer

Iris Halbeisen & Anna Sailer

NACHTSCHWÄRMER

Poesie

Impressum

Bibliografische Information der Deutschen
Nationalbibliothek:
Die Deutsche Nationalbibliothek verzeichnet diese
Publikation in der Deutschen Nationalbibliografie;
detaillierte bibliografische Daten sind im Internet über
http://dnb.dnb.de abrufbar.

Autorenfoto: Beate Oberhauser

Herstellung und Verlag: BoD – Books on Demand,
Norderstedt

ISBN: 978-3-7526-0964-6

„Poesie ist Mondschein in der Finsternis unserer
Tage" – Manfred Poisel

Nachtschwärmerei

Die Nacht bricht an,
die Sonne weicht
geheimnisvoller Dunkelheit.
Die Ähren und Bäume, den Blätterflug –
küsst der Wind nun sanft zur Ruh´.

Es legt sich, gleich wie eine Decke,
rußig, mit fahl beleuchtet´ Flecken,
die Nacht über das stille Land
und alles, was am Tag entstand.

Die Luft glasklar, der Himmel weit,
steht scheinbar still, das Rad der Zeit,
nur mehr Gestirne am Himmelszelt
beleuchten sacht die ruhend´ Welt.

Und irgendwo unter den Sternen
gerät beim Anblick schon ins Schwärmen
ein Mensch, gerade erst erwacht
gebannt vom Zauber dieser Nacht.

So von der Nacht tief inspiriert,
gar zum schwelgen animiert,
gibt er sich hin
und dem Schlaf nicht klein bei -
der lieblichen Nachtschwärmerei.

I.

<u>Kapitel 1</u>
Liebe

Beibehalten

Wie können wir dieses Gefühl ewig
beibehalten?
Dieses, welches ich zu Beginn auch hatte?
Als ich mich kaum traute in deine Augen zu
sehen,
Weil meine Beine zu weich wurden, um zu
stehen,
Wie können wir nur den Alltag überwinden,
ohne dass unsere Liebe beginnt zu schwinden?
Sind es neue Ideen? Ist es spontan zu sein?
Ist es sich selbst stets zu bleiben treu?

A.

Liebesgedicht

Hier sitz ich nun und schreibe nieder
Poesie und Liebeslieder
und Sehnsucht
ständiger Begleiter mein
fährt mir sogleich durch Mark und Bein
und wächst, gedeiht, entflammt mit Knistern
sowie ich deinen Namen whisper...
tausend Stund´ sind nicht genug
im ganzen Körper tobt die Glut
obgleich ich´s wollt, könnt ichs nicht ändern
niemals könnte ich sie bänd´gen
denn wär der Preis - wie könnt ich's wagen -
ein wenig Herz dir zu versagen
welches, alles was ich hab´
groß und rot und stets im Takt
alles flüstert was ich denk
welches derart an dir hängt
dass immerzu, bist du nicht hier
es ein Gefühl erweckt in mir
wie tausend Kissen die mich federn
wenn Flügel mir den Dienst verwehren.
Niemals soll dies Gefühl versiegen -
könnt´ ewig dich so weiterlieben...
Die Sehnsucht? Nehm´ ich gern in Kauf!
So sind nun mal der Dinge lauf
dass alles was uns viel bedeutet
seinen Preis hat - ich erläuter´
All die Süchte die mich quälen
sei es eifern oder sehnen
sind alle male wert sie durchzustehen
um siegessicher, liebestrunken
in deinen Armen zu versinken.

I.

wollen, können

Ich liebe dich,
Ich wollte dich,
Doch ich konnte nicht.
Irgendwas hielt mich zurück.
Sag', werd' ich verrückt?
Ich sah alles und ließ es gehen,
Die Zeit bleibt weiterhin stehen.

A.

Liebe und Chemie

Zwischen uns ein Feuerwerk,
unsichtbare Alchemie,
die Luft voll spannungsvollem Knistern,
Botenstoffen und Chemie.

Synapsen-Blitze im Nervenkonstrukt,
ein Blick genügt und uns wird warm,
der Funken der dann sichtbar wird
wirft alle Hormone aus der Bahn.

Bei jeder Berührung folgt Gänsehaut –
deine Präsenz zieht mich in den Bann,
Elektrizität durchströmt unsre Körper
und alles in uns stellt um auf Empfang.

Und wenn wir uns dann näherkommen
Und sacht ein Mund den anderen berührt,
wie magnetisch angezogen –
von Körperchemie zum Kuss verführt.

I.

Würde

Weißt du, wenn ich könnte, würde ich.
Aber allein daran zu denken wag ich nicht.
So perfekt, so schön, so rein,
Scheint es in Gedanken zu sein.
So weit weg und doch so nah,
Wird Realität nie zur Gefahr.
Fantasie, unbewusster Traum,
Zu mehr reicht es wohl kaum.

A.

Süchtig

Deine Worte umarmen meine Seele,
sie wärmen mein Herz,
mit dir wird es mir an nichts fehlen.

Mein Bauch kribbelt, mein Herz lacht,
die Worte gehen uns nie aus.
Siehst du, was du mit mir machst?
Bei dir fühl ich mich Zuhaus'.

Wir geben uns Freiraum,
um wieder zueinander zu finden,
um da weiterzumachen,
als ob nie was gewesen wäre.

Wie leicht es sich anfühlt,
wie geborgen,
wie sorglos,
wie schön.

Sich verstanden zu fühlen,
komplett sein zu dürfen.

Mit all seinen schlechten Seiten,
all seinen guten Seiten.
Nicht verurteilt zu werden.

Wie Junkies sehnen wir uns danach,
können nicht voneinander ab,
kaum berührt und doch auf so vielen Ebenen
verbunden.

Weit entfernt und doch so nah, als stünden wir
nebeneinander.
Wie kannst du nur so gut tun?
A.

Das Band I

Ein Faden war es zu Beginn,
zerbrechlich wie das Glück.
Es zog sie schon von Anfang an
zu ihm hin – sie wich zurück.
Mit aller Kraft zog sie und zerrte
an der dünnen Schicksalsschnur -
doch es passierte das Verkehrte,
von Zerreißen - keine Spur.
Unerklärlich war ihr die Substanz
aus welcher dieses Garn gewoben,
trotzte es doch jeder Distanz
und hatt' sie um ihre Freiheit betrogen.
Es raubte ihr den Verstand,
vom Atem nicht zu sprechen,
das einst geknüpfte Band
vermochte sie nicht zu brechen.
Mit jedem Wort und jedem Blick
gewann das Band an Festigkeit -
ein Meisterwerk, ein starker Strick,
gewoben für die Ewigkeit.

I.

Berührt

Beim Liebesspiel wird oft nur der Körper
berührt,
was für ein Glück wird auch die Seele verführt.
Beides vereint in einem einz'gen Augenblick
am Himmel ein flammendes Inferno beginnt.
In allen Farben und lautem Getöse,
bis Endorphine alle Parteien erlöse.
Und am Ende der Rausch ist was bleibt,
als Erinnerung für die Ewigkeit.

A.

Schild und Scherben

Du hältst mich fest,
doch mit Bedacht,
mit starken Händen nimmst du sacht
die meinen,
welche zögerlich
sich einfinden in deinem Griff.

Für die meisten eine Geste,
doch mir bedeutet sie die Welt –
denn auf der Suche nach dem Einen,
der mich auf diese Weise hält,
hab ich gut und gerne
tausend Fragen schon gestellt.

Und tausend Pfad´ bin ich gegangen –
wanderte mal dort, mal hier,
bis Blicke sich im Gemenge fanden –
so führte mein Weg mich letztendlich zu dir.

Dein Blick berührt das Schild in mir,
man hört ein leises Klirren,
dein Mund formt ein ,,Vertraue mir" –
lässt dich vom Zögern nicht beirren,
ziehst mich ganz nah, mein Atem stockt –
ich hör das Schild zerbersten,
nimmst meine Hand in deine
und wir tanzen auf den Scherben.

I.

Bleib bei mir

Ich habe so Angst dich zu verlieren.
Mich zu verlieren.
Was, wenn du eine andere liebst,
während ich mich unter Decken verkriech'?
Was, wenn dich eine andere zum Lachen
bringt,
während ich weinend mich am Boden krümm'?
Was, wenn sie dich berührt auf ganz andere
Ebene?
Was, wenn sie glücklicher ist als ich es je sein
werde?
Was, wenn ich zu viel für dich bin?
Ergeben diese Zeilen dann einen Sinn?
Was, wenn du mich nicht mehr begehrst,
sondern nur aus Höflichkeit mit mir schläfst?
Was, wenn ich dir zu eigen bin und das nicht
sehen kann?
Was, wenn du mich nicht mehr liebst, aber ich
weiterhin verschmähe jeden Mann?
Warum nur sitzt diese Angst so tief?
War ich doch schon ohne dich nicht nichts.
Fühl ich mich einsam ohne dich,
ist das ein Traum geblendet von der Liebe
Licht?
„Nur noch du", flüstere ich unter Tränen,
in der Hoffnung du würdest dasselbe
erwähnen.
Ist bei dir alles in Ordnung, mehr noch O.K.?
Bin ich nur die Einzige die mir den Schmerz
zufügt, der tut so weh?
Bist du doch mein Glück, meine rettende Hand!
Bin ich die Eine und hab's noch nicht erkannt?

Möchte weinen, schreien, lachen,
mich in deine Arme fallen lassen.
Möchte dich lieben bis die Erde stillsteht,
Möchte, dass es dir genauso ergeht.

A.

Das Band II

Mein Herz schlägt wild und frei
deins pocht schwer wie Blei –
dass meine Freud' bereit´ dir Leid
ist mir nicht einerlei.
Ein letzter Trost, zugleich ein Stich
versetzt was kommen muss -
zwei Körper setzen an zum bittersüßen
Abschiedskuss.
Einst geliebt
nun haben sie sich zum letzten Tanz verneigt –
das Band, das sie verbunden hat
wird vom Rad der Zeit entzweit.

I.

Herzen

Ein Blick
Ein Wort
Ein Satz beginnt
Ein Scherz
Ein Lachen
Liebe entsteht
Ein Traum
Ein Gefühl
Das, was nicht stimmt
Ein Mann
Drei Herzen
Der Liebe Sinn
Ein Flirt
Kaffee
Zwei Wege sich trennen
Ein Schritt
Ein Anfang
Neuanfang
Ein Kampf
Zu kämpfen
In ihm rang
Verlust
Verlieren
Das Außen siegt
Drei Herzen
Nun alles
Am Boden liegt

A.

Engelsgrüße

Hätte Liebe `ne Gestalt
so wärens Schwingen, und alsbald
mit offenen Augen du nun ziehst
und mit Klarheit vor dir siehst
wer verliebt, wer schwebt und singt
oder mit dem Sturme ringt
wer die Flügel sich neu richtet
oder sie aus Wut vernichtet.
Körper taumeln in die Tiefe
vergessen ist der Liebe Süße
und die Engel schicken grinsend
von Wolken auf die Erde linsend
mit Kusshand uns des Todes Grüße.

I.

Herzschmerz

Er lässt sie ziehen,
Sie lässt ihn los.
Für beide nur das Beste (vermeintlich!)
Welch' bittersüßer Trost.

A.

zwei Hälften / ein Ganzes

In unzähligen großen und kleinen Büchern
steht geschrieben,
dass sie sich inniglich und ewig lieben,
dass sich zwei gefunden haben,
zwei Hälften eines Ganzen.

Darin steht:
„In jedem Leben hoffe ich dich zu finden,
in jeder Wirklichkeit deinen Namen zu rufen,
deine Stimme zu hören,
deine Lippen mit meinen zu berühren
und somit unsere Liebe zu besiegeln.
Unter allen Umständen,
in jeder möglichen Zeit und Zukunft,
hoffe ich dich zu finden,
ich bin für dich da,
halte dir den Rücken frei
und bin dir ganz nah."

Und dann gibt es solche, die sagen:
„Ich bin schon ganz."
Solche, die einen Satz beginnen
und ihn ohne Zutun eines anderen beenden,
die ihren eigenen Weg gehen, ohne
Kompromisse.
Solche, die sagen: „Mir fehlt kein Teil
und meinen Rücken halte ich mir
schön selber frei."

I.

Seelenpartner

Was bleibt,
wenn dein Seelenpartner geht,
und deine Welt nicht mehr steht?

A.

Kapitel 2
Freundschaft

Nicht zu halten

Wenn alle sich an Systeme klammern,
Lemming-gleich auf Erden wandeln,
hinnehmen was die Großen predigen,
nichts hinterfragen, glaubensselig
sprechen, was sie ihnen vordenken.
Wie könnten wir zwei hier einlenken?
Lachen sie auch voller Hohn,
so glaube ich - nein, weiß ich schon,
dass unsre Herzen - welch Rebellen! -
Sich gegen diese Stimmen stellen
und stehen wir auch Hand in Hand
vor einer unbezwingbar´ Wand,
so hält uns nichts,
so hart kann keine Mauer sein,
denn wir schlagen den Weg uns frei!
Mit dir, mein Freund, an deiner Seit´,
zu jeder Schandtat ich bereit.
Die Steine, die man dreist uns legt,
wir sprengen sie!
„For heavens sake!"
werden sie heulen,
unvergleichlich wutentbrannt,
dass man uns zwei nicht halten kann.

I.

Rivalen

Rivalen?
Nein, das waren wir nie.
Wir waren Mitstreiter im selben Spiel.

Das Spiel,
welches unser Schicksal für uns spann
und unser Leben miteinander verband.

Die Aufgabe
war schwer zu verstehen,
sollten wir einst getrennte Wege gehen.

Der Hass
war wie die Wut bereit,
doch wir umkreisten uns mit Liebe im Geleit.

Bewunderung
und Neugierde waren stärker,
auch wenn das Negative war präsenter.

Jahre später,
dann gefunden,
was wir einst bewunderten.

Erstaunt,
wie ähnlich und so gleich,
wie eine Freundschaft macht das Leben so
reich.

Ein Bruch,
vereint statt zu trennen,
und Herzen die zu verstehen lernten.

Was das ist
Was wir sind
Was das Schicksal von uns will:

Wir waren von Anfang an füreinander
bestimmt.

A.

Freundschaft

Ein Freund, ein Schatz, ein Wegbegleiter,
ein Abenteuer-Mitbestreiter,
ein Jemand, der noch mutig lacht
wenn du dir wieder Sorgen machst.

Einer, der die Schulter herhält,
wenn alles dir vor Kummer schwerfällt
und der dir deine Seelennarben
sacht bemalt mit hellen Farben.

Und breitest du dein Weltbild aus,
dann kritzelt er selbst dort hinauf –
schreibt da und dort dir ein paar Sätze,
malt Buntes in die grauen Ecken
und erweitert so gekonnt
deinen, dir eigenen Horizont
um Gedanken und Notizen –
neue Ideen sich dir erschließen.

Und will ich, wie so oft,
alles tun doch nichts riskieren,
erinnert er mich leis´ daran,
wie ein Engel laut Gedanken spann,
denn: ,,Wir hatten nie was zu verlieren".

Trifft Zweifel mich mit voller Breite
zieht er los und holt ein Licht,
hält es auf meine Schokoladenseite
und zeigt mir so wie er mich sieht.

Und scheint meine Welt fad
erzählt er mir Geschichten –
von Musen, Sirenen, unbeugsamen Mächten,
von Suchenden und den auf Glück erpichten.

Ein solcher Freund sucht seinesgleichen,
sich glücklich schätzt wer einen hat,
wenn dir so jemand steht zur Seite
aufrichtig, mit Rat und Tat.

I.

Kapitel 3
Selbstbild

mein größter Feind

Du bist das Zimmer,
in das ich nie wollte,
in dem ich mich aber
plötzlich befand.
Du bist die Form
die mich formte,
bevor ich die Gefahr hab' erkannt.
Du bist der Kritiker
nach dem ich nie fragte,
der alles zu Boden riss.
Du bist die Bestie
die meine Schutzschilder grausam umschmiss.
Du bist das schlechte Gewissen,
das mich plagt,
wenn es nur kann.
Du bist die Angst
in meiner Brust,
die mir all den Mut wegnahm.

Ich weiß wo du herkommst und was du bist.
Du bist ich,
und das was andere mir weiß machen wollen
was ich bin.
Mehr nicht.

A.

Silberspiegel

Silberspiegel an der Wand –
dein Recht hab' ich dir aberkannt
zu verzerren und zerstreuen
was mein Selbstbild anbelangt.

Du zeigst mir nur die Hülle
das Innerste verpackt –
verbirgst du all die Fülle
die ich zu bieten hab.

Ich bin und bleibe
sage und schreibe
weit mehr als meine Einzelteile!
Ein Scherbenhaufen wenn's zerbricht –
ein Mosaik vom Angesicht.

So viel mehr – ein Seelenleben
Charakterzüge die mich prägen
Ideenfunken die im Geiste
wie lodernd´ Flammen um sich greifen.

Zweifel brennen rußend nieder
spiegeln sich im Scheine wieder
leise kommt aus meinem Mund:
„Mein ganzes Ich gibst du nicht kund."

I.

nichts erreicht

Mitte 20, kein Berufserfolg.
Zumindest keiner der mich feiert.
Kein Körper, an dem ich hart arbeite,
für den mich irgendwer beneidet.
Kein Talent, das ich besitze,
das anerkannt wird.
Alles, was ich kann,
kann jeder
und irgendwo, irgendwer, immer besser.
Bin nicht sonderlich klug,
nur halbwegs belesen.

Es scheint, als würde ich nicht mal das
Mindeste vom Leben können,
und sei's auch nur glücklich durchs Leben zu
rennen.

A.

Masken

Masken halten nicht am Leben,
doch schützen sie von Zeit zu Zeit –
stark ist dein unbeugsames Wesen,
hältst Masken dir vor zum Zeitvertreib.
Die Erkenntnis war der Weg,
der Flügelschlag um Seelenfriedens Willen,
nur wer begreift, wer Leben liebt,
wird Masken zundergleich verbrennen.
Denn ist die Maske erst enttarnt,
so hat die Heuchelei ein Ende,
nun kann der Träger unverwandt
sein Wesen formen mit den Händen
die ihm gegeben,
muterfüllt und klaren Geistes
sich auf neue Pfad´ begeben.

I.

Was Musik mit dir macht.

Ein Lied – ich bin zurück,
Ein Song macht mich verrückt.
War verliebt,
Verletzt,
Versuchte zu vergessen,
Doch wurde zurückversetzt.
Eine Melodie, ein Text, der meine Seele
zerreißt,
Der mich zurück wirft,
Und ich nicht weiter weiß.
Schalt' schnell ab,
Es ist zu spät.
Gedanken kreisen,
Es scheint mich zu zerreißen
Während die Welt um mich herum sich weiter
dreht.

A.

Wie im Film

Zuweilen gleicht mein Leben einem Film
voll Action, Liebe, wilden Schießereien,
doch manchmal bin ich nur dabei statt
mittendrin
und sitz´ mit Popcorn in den ersten Reihen.

Der Regisseur ruft, alle springen -
nur die Hauptakteure stört es nicht -
und ich montiere fleißig weiter
an einem Fassaden-Nebenlicht.

Die Kussszene – oh, die wird gut!
Ich fiebere mit dort bei der Bande
und wünschte mir, ich hätte mehr Mut
und stünde nicht nur so am Rande.

Denn spielen könnt' ich, was ich wollt' -
was hält mich bitte davon ab?
Was hält mich hier, in *meinem* Film,
an Rollen, die man mir einst gab?

An Geschlechterrollen und Klischees
oder was Lehrer in mir sahen -
an halbherzige Plädoyers
Dirigenten, die den Takt vorgaben?

In diesem Film – mein Lebenswerk –
Spiel' ich die Rollen an die Wand -
als Hauptakteur, nicht als Souffleuse -
die Story liegt in meiner Hand.

I.

nicht in Worte zu fassen

Unkreativ,
so fühl' ich mich momentan,
bringe keinen Text voran.
Hab' hundert Themen um darüber zu
schreiben,
aber bin zu kompliziert, es ist zum verleiden.
Wo sind meine Kreativität, mein Mut, meine
Fähigkeit?
Wo sind meine Liebe, mein Stolz, meine Triebe?
Wo sind die Worte, die mir aus meiner Brust
entspringen wollen
und nicht in meinem Mund ankommen.
Wo sind die Reime, die Texte so intellektuell?
Sind sie fort von mir gegangen, ach so schnell?
Wo ist die Inspiration?
Wobei, die hab' ich doch schon...
Lediglich der Satzbau der mir fehlt,
an dem mir auch die Lust vergeht.
Die Unfähigkeit, meine Gedanken in Worte zu
fassen,
meine Frustration gilt es zu unterlassen.
Mein Kopf, mein Herz so prall gefüllt,
die Hand alsbald den Stift berührt.
Vergesse alles, was ich sagen wollte,
und lass mich im Regen alleine schmollen.
Wann geht's weiter? Wie geht's weiter?
Wann werden meine Wortspiele wieder heiter?

A.

Ausreden

Wenn man mich nach Zielen fragt,
hab´ ich diverse stets parat –
Ja, Großes möcht´ ich noch erreichen,
das Schicksal stellt bereits die Weichen!
Ich spür in mir den Schöpferdrang –
am besten fang ich heut´ noch an!
Wobei, wenn ich's genau bedenke,
den Fokus auf Banales lenke,
wär' morgen auch noch früh genug,
der Tag vergeht eh wie im Flug.
Am nächsten Tag, voll Energie,
denk' ich mir: ,,So, jetzt oder nie!
Heut geb´ ich mein Talent zum Besten!"
Wobei – doch besser nicht
bei Wind aus Westen.
Oder gar – wer ahnt es schon –
bei schlechter Sternkonstellation.
Ein neuer Tag, kein neues Glück –
der Haushalt hält mich heut´ zurück.
Ich vertröste meinen Schaffensdrang –
am Mittwoch fängt man nichts Neues an!
Die Ziele wirken weit entrückt,
mein Schweinehund quiekt ganz entzückt –
und suhlt sich in ungelungener Planung,
Ausreden und Selbstermahnung.
Das Ziel, das bleibt in weiter Ferne,
sie waren mir nicht hold, die Sterne,
und Trübsal blasend mal´ ich grau
die altbekannten Muster aus.

I.

Kapitel 4
Gesellschaft und anderes

Meinung

Deine Meinung ist kein Fakt,
es ist dein Innerstes ganz nackt.
So pass doch auf was du weitergibst,
ehe du es der ganzen Welt preisgibst.

A.

Weltschmerz

Ist es Weltschmerz, den ich verspür',
wenn ich Medien durchstöber'?
Das erdrückende Gefühl, dass die Welt sich
hasst,
lässt mich spüren eine unsagbare Last.
So viel Potential hätte die menschliche Rasse,
und doch fährt sie immer wieder gegen Wände.
Hat das noch Klasse?
Hochintelligent schimpfen wir uns
- Über den Tieren! -
und rechtfertigen Gräueltaten
mit „natürlichen" Trieben.
Wie Affen bewerfen wir uns mit Scheiße,
auch wenn diese verbal ist,
soll das noch nichts heißen.
Viel schlimmer stinkt es zum Himmel,
was manche von sich geben
und trotzdem fühlen wir uns überlegen.
Wir zelebrieren, was wir schon erreicht haben,
doch fallen immer wieder zurück in alte Muster
und Taten.
Wir feiern Fortschritte in Technologie
und machen Rückschritte im Menschsein,
welch Ironie!
Wir sind stolz auf das Land, in dem wir
geboren,
dabei war es nur willkürlich,
nicht auserkoren.
Auf Religionen und den einen Gott sind wir
erpicht,
wobei auch das nur vagen Vermutungen
entspringt.
Im Namen des Allmächtigen, des Volkes werden
Kriege geführt.

Kein Wunder, dass sich diese Rasse selbst in
den Abgrund führt.
Traurig, wütend schließe ich meine Augen zu,
und hoffe dieser Schmerz gibt endlich Ruh'.
Versuch' mein Glück in mir zu finden,
damit Gedanken an all das verschwinden.

A.

Gegensätze

„Gleich und Gleich gesinnt sich gern" –
ein Sprichwort ist´s und altbekannt.
Ein anderes, nicht weniger wahr, besagt
„Gegensätze ziehen sich an."

Was schimpfst du dich frei von Vorurteilen
und auf Toleranz erpicht,
wenn jeder mit geprägten Zügen
dir wie ein Dorn ins Auge sticht?

Ein Jeder ist in diesem Spiel
eine Figur auf des Lebens Brett:
ob als Königssohn oder Bauer geboren
gleicht's dem russischen Roulette.

So sind wir doch alle Töchter und Söhne
und frönen heiter der Blasphemie,
verleihen uns selbst die Schöpfungskrone
und sind am Ende doch nur Energie.

I.

Corona Zeit

Violette Wolken ziehen vorüber,
der Frühling ist noch kalt.
Blumen beginnen schon zu blühen,
manche jung, andere alt.
Einsam ist der frühe Morgen,
Corona hat ihn fest im Griff.
Es scheint besser zu werden,
die Situation ist und bleibt verzwickt.
Menschen sitzen traurig vor der Zeitung,
lesen mit Brille auf der Nase
wer schon getestet wurde,
und was grad ist in Mode.
Zerstreut bügeln sie zerknitterte Blusen
und spielen als würden sie's genießen.
Einzig die Natur scheint diese Freiheit zu lieben
und lässt uns das mit üppigen Sonnenstrahlen
wissen.
Schwarz erscheint uns diese Zeit,
doch alsbald werden wir das Meer wieder
rauschen hören.
Durchs Leben gehen mit Heiterkeit,
und jubelnd Lieder singen in Chören.

A.

Fuckboy

Oh, du kleiner Junge,
weißt nicht was du willst,
ringst mit dir und bist gezwungen,
bis dein Verlangen ist gestillt.

A.

Kapitel 5
Negativ

Panikattacke

Nein!
Nein!
Du machst mich nicht klein.
Nicht schon wieder!
Ich spür dich in meinen Gliedern.
Doch halt! - es ist zu spät.
Du breitest dich aus
und wirst nicht gehen.
Müdigkeit befällt mein Gesicht,
hoffnungsvoll die Lippen öffnen sich.
Durch Glückshormone und auch Schlaf
hielt ich dich so oft in Schach.
Unerwartet überfällst du mich
und siehe da: ich wehr' mich nicht.
Werd' verrückt und fühl mich klein.
Doch nein!
Nein!
Ich gebe nicht klein bei!

A.

Schwermut/ Depression

Wie kommt es, dass mein Geist,
einst so farbenfroh und leicht,
nun wie von Schwermut übergossen
mir aus meinem Körper weicht?

Die Schwere legt sich über mich,
lähmt mein Handeln und mein Tun.
Gedanken überschlagen sich
und kreisen immerzu.

Auch meine Glieder scheinen schwer,
der Blick, so teilnahmslos und leer.
Es fehlt in allem mir der Sinn -
die Stunden tropfen zäh dahin.

Alles in mir will nur ruhn´,
doch mache ich die Augen zu,
finden mich quälende Gedanken,
sie greifen mir mit kalten Pranken
ins Genick und reißen mich
von schönen Träumen jäh zurück.

Mein Seelenfeuer, einst voll Glut,
Wird jäh gedimmt von Schwermut
und brennt nun leis´ auf kleiner Flamme -
ein freudloser Reigen ist im Gange.

Doch wage ich zu hoffen -
auf dass mein Feuer wieder flammt!
Und schütz derweil die Flamme
meiner Seel´ mit bloßer Hand.

I.

Qualgedanken

Warum ist das Leben so eine Qual für mich?
All die Emotionen, ich pack' sie nicht.
Viele Gedanken in meinem Kopf,
sie stehen Schlange. Klopf, klopf, klopf.
Mit Wucht treten sie die Mauer ein,
haben viele Geschenke mit dabei.
Sie bringen Gefühle, meist negativ,
die überschatten was ich einst fühlte, positiv.
Stund für Stund lassen sie mich nicht los,
bis in meiner Brust sich bildet ein ries'ger Kloß.
Mit netten Worten zu mir selbst
Versuch' ich's kleinzureden,
doch nichts hält.
Schwächer werden sie erst dann,
wenn ich endlich schlafen kann.
Dann vergess' ich für ein, zwei Stunden,
all die Sorgen, all die Wunden.
Am nächsten Tage sind sie leiser,
ich red' sie klein, bis ich werd' heiser.

A.

alleine

Ich liebe es im Regen spazieren zu gehen,
denn da treff' ich keine Menschenseel'.
Da bin ich nur für mich,
mit mir und meinen Gedanken,
und keine anderen die sich darum zanken.
Meine Gedanken sind dann frei, wild und fern,
von allem was mich quält, und das sehr gern.
Spür' den Regen ganz nass auf meiner Haut,
spür' diese Umarmung der Natur,
geborgen und vertraut.
Ich liebe es im Regen spazieren zu gehen,
denn dann erholt sich meine Seel'.

A.

Streit

Unsere Blicke kreuzen sich
Lautlos und doch wie klirrend´ Degen
So viel gesagt, so vieles nicht
Die Körper schon vor Wut am Beben.

Angespannt und voller Zorn
Wartend auf den nächsten Hieb
Mit Worten voller fieser Dornen
Strebt jeder nach dem schnellen Sieg.

Mit Antworten zurechtgelegt;
Die Klingen schon am Stuhlbein wetzend
Nimmt jeder Platz am Mittagstisch
Und es beginnt ein Wortgemetzel.

Die Schuldfrage steht recht hoch im Kurs –
Doch erst noch alte Wunden leckend
Wirft man sich Floskeln an den Kopf
Und drängt den anderen in die Ecke.

Dieser startet aus der Not
Einen fiesen Gegenschlag
Schon ist die Empörung groß
Verletzter Stolz kommt nun zu Tag´.

Am Ende siegt wer – oder nicht
Verletzt sind beide schwer
Nach angemessener Abkühlzeit
Folgt dem Schlagabtausch noch mehr.

I.

Vulkan

Ein Streit, ein Vulkan bricht aus,
Nichts ist mehr sicher in unsrem Haus.
Worte so böse, glühend heiß
Zerstören der Unschuld schönes weiß.
Wut überflutet die ganze Liebe,
Und Flammen erstrecken sich bis zu den
Giebeln.
Immer lauter und schneller wird das
Wortgefecht
Bis sich das Feuer über das ganze Haus
erstreckt.
Die feurige Wut, zerstörerisch und intensiv,
Doch nach dem Sturm kommt Ruhe ganz
instinktiv.
Die Flammen werden kleiner, sind nur noch
Glut
Und ebenso versiegt die Wut.
Das Haus nur noch Asche und Schutt,
Doch mit erneutem Mut,
Wird Liebe erneut daraus emporsteigen
Und wir mit uns noch länger verweilen.

A.

Trennung

Teilt nichts nur Zeit und Raum
Rennt voneinander weg und merkt es kaum.
Entflieht euch selbst, redet vieles besser.
Nicht, dass noch jemand denkt, es geht euch
schlechter.
Nein! Ihr seid glücklich, wie ihr seid
Und wiegt euch schön in Sicherheit.
Nur glücklich seid ihr beide nicht.
Gründe zu gehen kommen nicht ans Licht.

A.

Labyrinth

Zwischen uns
stehen Worte, groß wie Hecken
und vermindern unsre Sicht.
Wir finden weder Ausgang
noch uns wieder – beides nicht.

Sind taub für das Gesagte,
kleine Gesten und Gebet,
sind blind für das Gemalte
und was zwischen Zeilen steht.

Ein Labyrinth aus Worten
und wir finden nicht hinaus
Steuern stur ins Dickicht
statt gemeinsam laufen raus.

I.

Kapitel 6

Philosophie, die Kunst des Wunderns

Wunder

Die Menschen haben verlernt sich zu wundern,
und glauben dennoch an Wunder.
Ist das nicht paradox?

A.

Die Suche nach dem Sinn

Ich lief entlang dem Himmelsrand,
der sich um kreisend' Erde wand.
Planeten fielen mit Getöse –
der eine klein, der Rest monströse –
Lichtblitze zuckten unverwandt
im milchig weißen Sternenband.
„Wohin des Weges?" fragt der Eine,
dreifaltige und doch alleine,
Herrscher über Groß' und Kleine.
Und ich staunte und ich starrte,
auf der Stell ich gar verharrte.
„Mein Weg verblasst" erläutert ich –
„mein Leben lebt nicht ohne mich.
Die Suche nach dem einen Sinn
hat meine Zeit bestimmt,
die Frage hielt mich Nächtens wach,
welch unbeschreibbar große Macht
die Fäden hält in diesem Spiel –
und zu welchem Zweck?
Mit welchem Ziel
sie Leben schenkte, Liebe und Glück,
und ließ sie uns doch im Chaos zurück?
Der Eine neigte lächelnd das Haupt
und erklärte: „Mit Verlaub,
ihr Menschen seid eine seltsame Schar –
ihr erhaltet mein größtes Geschenk und sogar
eine Welt voller Wunder,
viel größer und runder,
als dass ihr die volle Pracht dieses Ortes
beschreiben könntet mit hilf´ eines Wortes.
Doch nutzt ihr die Zeit eures Lebens
um solch´ Fragen auf den Grund zu gehen?
Ich gab euch ein Leben damit ihr es lebt,
von morgens bis abends ihm selbst Sinn gebt!

So wie ein Weg sich nicht wundert warum es
ihn gibt,
er hat einen Anfang und folglich ein Ziel
und ist auf Erden
nur aus dem Grunde
beschritten zu werden.
So einfach ist auch des Menschen Sinn
zu sein – nicht größer und auch nicht geringer.
Zu leben, zu lieben, zu lachen, zu weinen,
sich erfreun´ an der Sonne, an Sternen die
scheinen.
Teilzunehmen an diesem Geschehen
und wenn es sie reizt auf der Bühne des Lebens
ein Satz oder zwei von sich zu geben
und somit ein Teil des Ganzen zu werden."

I.

Tribut an Walt Whitman´s "O me! O life!"

Theorie und Praxis

In der Theorie
verneigt die Vernunft sich vor der Liebe,
singt der Mut ihr Jubellieder und die Angst
schleicht still vom Thron.

In der Praxis
prüft die Vernunft die Liebe auf Herz und Niere,
nicht fähig sich unbedacht in ihr zu verlieren.

I.

Neuanfang

Jedes Ende ziert ein Neuanfang
Schon jeher, seit ich mich entsinne –
Und jedem Schritt den Weg entlang
Wohnt ein ganz eigener Zauber inne.

Dieser lässt die Chancen strahlen
Welche sich dir nun scheu zeigen –
Enthüllt dir Türen und auch Tore
Wo vorher nur mehr Wände waren.

Mitunter bang, doch frohen Mutes
Brichst du in neue Welten auf –
Ein Wandel ist in vollem Gange,
Ein neues Kapitel nimmt seinen Lauf.

I.

Verliebt sein

Was ist es, dieses Verliebt sein?
Dieses Gefühl, wie auf Drogen zu sein?
Wenn alles knistert ganz laut,
Wenn ich meine Hand führ über deine Haut.
Wenn deine Worte meine Seele streicheln
Während mein Verstand noch nicht bereit ist
zu begreifen.
Was du bist,
Was ich bin,
Was wir sind.
Wenn der Kopf nicht sortieren kann,
Wann immer dein Duft meine Nase umarmt,
Wenn meine Sinne zu taumeln scheinen,
Während du langsam beginnst mich zu heilen.
Dafür musst du noch nicht mal Hand anlegen,
Nein, noch nicht mal Diagnose stellen.
Es reicht der Kuss, der nicht ist und nicht
wird,
Der auf ewig sich im „Fast" verbirgt.
Es reicht dein Sein und deine Seele,
Welche mich um den Verstand auch bringe.
Welche meinen Durst lassen größer werden,
Sodass ich ohne dich vor Verlangen sterbe.
Wie ein Junkie sehne ich mich nach den guten
Stoff,
Nach dem Kick, den ich mir durch dich erhoff.
Du machst süchtig nach deinem ganzen Sein,
Sag' mir, werd' ich jemals dein?
Werd' ich jemals an deiner Seite sein?
Wirst du jemals mein?
Oder belassen wir es bei diesen Traum?
Nur um sehnsüchtig immer wieder zurück zu
schau'n.

Nach dem Märchen das fast gewesen wäre.
Welches dann nur eine fast-wahre Geschichte
bliebe.
Welches immer wieder Gefühle zum Vorschein
bringt,
Doch nur in unseren Gedanken weiterlebt.

A.

Blickwinkel

Ich mag das Licht,
welch´s auf die Szene fällt,
wenn du aus deiner Sicht
mir von der Welt erzählst.

Mit kindlich kühner Euphorie
entdeckst du noch so kleine Wunder.
Die Luft surrt förmlich vor Magie,
siehst Schätze dort wo andere Plunder.

Denkweisen, hart wie Granit,
aus Gewohnheit schon in Stein geschrieben
sind´s für dich noch nicht – somit
kannst du sie leicht zurecht dir biegen.

Und oft fehlt mir die Leichtigkeit,
doch wenn du dann zur Stelle bist,
zeigst du mir auf, wie kostbar Zeit
und dieser Moment im Grunde ist.

Durch deine Art, die Welt zu sehen,
und wie schön selbst kleinste Dinge sind,
werde ich ein Stück weit weiser
und zugleich auch wieder Kind.

I.

Für Lara

Den Einen

Immer wieder sich neu zu verlieben,
Dieses Gefühl neu zu entdecken.
Ist es unser Schicksal den Einen zu finden,
Und dann den nächsten?
Ist es nur menschliche Romantik,
Die uns das vorschreibt?
Den Einen?
Das fehlende Puzzleteil?
Wenn wir doch alle schon sollten ganz sein?
Waren es nur Fehlinformationen,
Die weiter erzählt wurden über Generationen?
Sind wir verdammt dazu uns immer wieder zu
verlieben,
Ehe wir erkennen, dass der Eine schon steckt
in uns drinnen?
Nur wir selbst können uns zum Ganzen
machen,
Denn nur wir werden mit uns selbst ein Leben
verbringen müssen.

A.

Zeiten ändern sich

Die Zeiten ändern sich
und doch scheint alles gleich,
auf Schatten folgt das Dämmerlicht -
ein ewigwährend' Kreis.

Stets bleibt der gleiche Schwermut
und wabert durch den Raum,
vergiftet dein Gedankengut
und tränkt die Welt in grau.

Die Pläne die der Geist geschmiedet
welken sacht dahin.
Wie soll man sich an Wände stützen,
wenn sich selbst Räume krümmen?

Wie soll'n den Mutigen Flügel wachsen,
wenn man sie zundergleich verbrennt,
und was man einst begehrt
nun beim falschen Namen nennt?

Die Welt gleicht einer Scheibe
und wir tanzen nah dem Fall,
der Abgrund lockt mit Häme
und leis' verhallt der Knall.

Nun denn, ob Schatten oder nicht -
was unverrückbar steht,
ist, dass die Zeit, solang du lebst -
die Zeit, sie ändert dich.

I.

Das Leben

Das Leben ist ein guter Lehrer,
geht hart mit einem ins Gericht –
vergisst es dir die guten Taten
und erst recht die schlechten nicht.

Das Leben ist ein Mittelsmann,
verhökert die Zeit, wenn man es erlaubt
zu Unrecht man ihm oft nachsann
es hätte es ohne ein Zutun geraubt.

Das Leben ist ein Meister der Kunst,
vermag Farbe auf dein Antlitz zu bringen,
es unterstreicht durchzechte Nächte zu gern
mit dunklen Augenringen.

Das Leben ist ein Scharlatan,
die Geisterwelt oft zum Greifen nah
voll Alchemie und Zauberkunst -
gar viele sind ihr angetan.

Das Leben ist ein närrischer Geselle
mit sehr viel Sinn und noch mehr Humor.
Gern stellt es dich bloß in der Menschenmenge
und ruft die skurrilsten Situationen hervor.

Das Leben frönt gern der Bildhauerei
und du bist seine Skulptur.
Für jeden Tag den auf Erden du gehst
verpasst es dir seine Gravur.

Das Leben hat wahrlich viele Gesichter –
ein paar davon ich zu nennen vermag,
in welcher Gestalt es dir jeweils begegnet
erfährst du gewiss von Tag zu Tag.

I.

Im Café

Blütenwasser, Kerzenduft
Schöpfergeist liegt in der Luft

Geräuschkulisse, Flackerlicht
Gedanken überkreuzen sich

Momentaufnahme, Sinnesreiz
Im Kollektiv und doch zu zweit

Sichelmond, Glücksmoment
Tintenspur auf Pergament

I.

Frage Antwort

Eine Frage, die in mir aufkommt,
aber deren Inhalt ich nicht kenne,
die sich in mir aufdrängt und brennt,
und vor deren Antwort ich wegrenne...

Der Inhalt noch ungewiss und Angst macht
sich breit,
wär' ich für solch großen Schritt bereit?

A.

Böse Welt

Warum müssen dauernd Verschwörungen
erfunden werden?
Warum muss man dauernd in allem das Böse
erkennen?
Warum kann man Entscheidungen nicht
akzeptieren, wie sie sind?
Warum muss man jeden, der das tut,
bezeichnen als blind?
Kritisch denken, ja das darf und soll auch sein!
Doch warum fällt den meisten dies zu ihren
Theorien nicht ein?
Nein! Die sind hieb- und stichfest,
Auch wenn man sich im nächsten Satz
widerspricht.
Hauptsache dagegen,
Anstatt hinzunehmen.
Doch ist nicht auch das der falsche Ansatz?
Sollten wir nicht lieber kritisch prüfen jeden
Absatz?
Kritisch im Sinne von zuerst zu widerlegen,
Bevor man ist komplett dagegen.
Und auch dann, wenn man auf gewünschtes
Ergebnis kommt,
liegt es dann nicht an jedem selbst wem oder
was man folgt?
Warum muss alles mit Wut bekämpft werden,
Anstelle einander zuzuhören?
Anstelle sich auf Kompromisse einzulassen,
wird oft nur Gift und Galle oder schlimmer
noch Blut vergossen.
Lieber greift man vorher an,
bevor der „Feind" dran denken kann.
Gegeneinander statt miteinander,
ist das wirklich im Menschsein verankert?

Neid, Wut, Gier,
alles komplett normale Emotionen,
Doch sollten wir uns als Hochintelligenz nicht
in Zufriedenheit sonnen?
Doch wie gelangt man dazu, wenn nicht durch
Toleranz?
Warum fällt es so vielen schwer mit der
Akzeptanz?
Warum muss man die Welt als Böse erachten,
nur um damit zur vermeintlichen „Erkenntnis"
zu gelangen?
Warum muss man in allem, was anders ist, das
Böse sehen?
Warum kann man nicht endlich anfangen das
Gute zu verstehen?
Wenn doch nur jeder einmal mehr zuhört als
ein böses Wort zu verteilen,
würde die Menschheit dann nicht schneller
heilen?
Wäre die Welt dann nicht ein besserer Ort,
wenn jeder nur kurz in sich horcht?
In sich dann Liebe und Gutes findet,
das den Hass, die Wut lässt verschwinden.
Nehmt euch lieber an die Hand und denkt auch
weiter,
Nur so wird euer Leben ein Stück weit heiter.

I.

Wörtermeer

Sacht, durchdacht und hoffnungsvoll,
gar in der Regel leise,
schlägt ein Vers im Wörtermeer
wellengleiche Kreise.

Er gleitet, fließt und wandert
von einem Ort zum andern
und trägt hindurch die Silbenflut
das wertvolle Gedankengut.

I.

Versprechen

Ein Soldat saß am lodernden Schein,
die nächtliche Kälte kroch ihm durchs Gebein.
Dort saß er, gebettet in weiches Moos,
gedankenversunken in Waldes´ Schoß.

Der Wind jagte neckisch, närrisch und keck
die Schattengestalten vom Leuchtfeuer weg,
doch diese lassen sich nicht gerne treiben
und tanzen ums Feuer ihren rußigen Reigen.

Doch plötzlich straffte sich seine Figur,
die Hände glätteten die Soldatenmontur.
Entschlossenheit lag in seinem Blicke
den er dem nachtschwarzen Himmel
zuschickte.

Er gab ein Versprechen, so wahr er hier sitze –
der Mond war sein Zeuge, die Nacht sein
Komplize –
er versprach das Vergangene nie zu vergessen,
denn aus jenem, so sagt man,
wird die Zukunft ermessen.

I.

Zeit

Was ist und bleibt, war und zeigt
die Zukunft und Vergangenheit?
Dieses Phänomen heißt Zeit.
So komplex – mitnichten simpel
betrachtet aus dem Augenwinkel,
doch gibt es jemand der gesteht,
dass er die Zeit sehr wohl versteht?

Wie Tropfen im Meer scheint sie vorhanden
und doch, so schnell kommt sie abhanden –
ein jeder hetzt und eilt und rennt,
als ob er seine Zukunft kennt,
als ob sein Leben ewig währt,
ein neuer Tag stets wiederkehrt.

Ein Augenblick – schon ist's vorbei
kann ewig scheinen und kurz zugleich.
Doch ist's vorbei kehrt er nie wieder,
weder Gebet noch Lobeslieder,
noch neueste Technik, Stand der Dinge
können diesen wiederbringen.

Drum halte inne von Zeit zu Zeit,
leg' den Fokus auf das Hier und Jetzt.
Gib so dem Tag mehr Momente -
als wären es Geschenke -
und das bloße Erleben ist schon ein Segen
für den, der die Momente schätzt.

Ob die Zeit für dich stillsteht oder vergeht wie
im Flug -
Lappalien nicht zu viel Wert beizumessen,
das große Ganze nicht zu vergessen,
dies scheint ist im Zeitfluss der Geschichte die
Krux.

I.

Gespräch mit dem Tod

"Nach dem Tod, da ist nichts.",
sagte sie und sah in die Nacht hinein.
"Hast du nicht Angst davor?",
fragte er. Sie war allein.
"Nein, wovor sollte ich Angst auch haben?
Vor all den Ängsten und Sorgen, die dann
schwinden?"
Er war verwirrt:
"Doch so wirst du deine Liebsten nicht mehr
finden."
"Meine Liebsten? Die sind doch schon lange
fort.
Wenn nicht reinkarniert, dann an einen
anderen Ort."
"Woher weißt du dann, dass nach dem Tod für
dich nichts ist?"
"Weil das für mich meiner Realität entspricht.
Ich werde gehen und schwarz wird es um mich
sein."
Sie seufzte.
"Doch mein Leben wird nicht umsonst gewesen
sein.
So hab ich gelebt, mit vielen Ängsten und
Sorgen,
auch begann ich mich in schönsten Dingen zu
sonnen."
"Wie kann das denn als schön empfunden
werden?
Wenn nicht die Angst da ist vor dem Sterben?"
"Ich durchlebte Emotionen der Menschen viele,
in all ihren Farben mit all ihren Spielen.
Ich lachte, ich weinte, ich durfte böse sein.
Ich liebte, lebte und war auch allein.
Egal wohin der Weg mich jetzt auch führen
mag,

ich weiß mein Leben endet an einem
bestimmten Tag.
Nach diesem gibt es nichts mehr zu bereuen,
keine Ängste und unerfüllten Träume.
Ich weiß, ich werde mein Leben im Ganzen
gelebt haben,
und das wird mich sanft in die Nacht
hineintragen."
Mitleid durchfuhr ihn, er nahm sie in den Arm,
um sie wurde es plötzlich warm.
Sie schloss die Augen und ließ sich treiben,
in das Grau hinein,
ein Stück von ihr wird in ihm bleiben.

A.

Wortgebilde

Es war einmal, in jener Stund`,
mit Tintenspur auf weißem Grund
schrieb einer nieder,
die Worte vieler,
vom Hofnarr, König, Vagabund;
von Liebe, Leben, Tod und Siege,
Erzählungen vom Krieg der Kriege,
Heldenepos, Märchenstund' -
der Mensch gibt gern sein Wissen kund
und ruft sich Dichter, Maler, Denker,
Jungfrauenretter, Feindeshenker,
Bezwinger aller sieben Meere
als Synonym für Ruhm und Ehre.
Geschrieben steht es in Geschichten,
Prosatexten und Gedichten,
die unglaublichsten Heldentaten
von Feiglingen, die etwas wagten.
Von Zufall, Schicksal, Sein und Schein,
vom Pech verfolgte, Glück allein,
in Schriften voller Alchemie,
von Himmelskörpern und Magie.
Der Schreiber erzählt wortgewandt
von Liebe, der erst böses schwant,
die, voller Hoffnung und doch bang,
noch jede Hürde überwand.
Mit Geduld und etwas List
fügt Wort an Wort – wie ein Gerüst
Und füllt die Köpfe seiner Leser,
derer, die die Seiten wälzen,
mit Abenteuern und Wunderwelten.

I.

Nachtschwärmer

Die Nacht bricht an und wach ist er,
Der wunderschöne Nachtschwärmer.
Im sachten, trüben Mondeslicht
Steht er auf und richtet sich.
Die Nacht ist leise und auch laut,
All das ist ihm wohl sehr vertraut.
Sterne leuchten hell im Dunkeln,
Den Wind hört man leise munkeln.
Die Feder setzt zum Schreiben an,
Kreatives oft bei Nacht begann.
So setzt er weiter fort sein Werk,
Über Frohemut und Schmerz.
Und hofft die Welt verstünde,
Was er alsbald verkünde.
Worte, Bilder und auch Taten,
Die andere schon zum Lachen brachten.
Sterne leuchten hell im Dunkeln,
Den Mond hört man leise munkeln.
Und im Stillen sitzt glücklich er,
Der wunderschöne Nachtschwärmer.

A.

Inhalt

Anna Sailer wurde 1995 in der Seestadt Bregenz geboren und ist Ingenieurin im Bauwesen.
Ihre Vorstellungskraft wurde im Kindesalter gefördert, in dem sie Violine spielen lernte und viel Zeit in der Natur verbrachte.
Durch das Notieren der Gedanken und Gefühle wurde sie auf das Schreiben aufmerksam, was schließlich zu ihrem ersten Werk führte.
Weitere Gedicht- und Romanprojekte sind in Arbeit.
Iris Halbeisen, geboren 1989 und seither wohnhaft in Vorarlberg, arbeitet als psychiatrische Krankenschwester und ist stolze Mutter einer Tochter. Schon in Kindertagen entdeckte sie ihre Leidenschaft fürs Theater und im Zuge dessen das Spiel mit Worten. Mit diesem Gedichtband erfüllt sich für sie ein lang gehegter Jugendtraum.